ディズニー

ミッキーマウスに学ぶ決断する勇気

ニーチェの強く生きる方法

JN230339

角川文庫
21601

ニーチェについて

ニーチェ（一八四四〜一九〇〇年）は、ドイツの思想家で、人はどう生きるべきかという問いに真摯に向き合った人生を送りました。牧師の家に生まれ、若くして名門大学の教授になるほどの優れた人物でしたが、その後は理解されず、挫折続きの不遇の人生を送りました。学界から見放され、体調を崩し、著書も売れず、失恋をし、精神を病んでこの世を去ります。そんな苦悩の人生の中で残した名著の数々は今も多くの人々に愛されています。

『ツァラトゥストラ』について

『ツァラトゥストラはこう言った』はニーチェの思想がもっともよく表現されている代表的な著作です。人生のさまざまなテーマに向き合い、物語風に、時に詩的に記されています。主人公・ツァラトゥストラは三十歳で世を捨て山にこもりますが、十年後、山を下りる決意をします。溢れんばかりに蓄えられた知恵を人々に語ろうとしたのです。四部構成のこの本は当時まったく売れず、最後の四部は自費出版したほどでした。

しかし、先鋭的で真摯なその思想は彼の晩年、そして死後に徐々に注目を集め始め、時に誤解されながらも、長く読みつがれることになります。

いつの時代も人は悩みを抱えます。ニーチェはその辛い状況を受け止め、どうやって前向きに力強く生きていけるのかを語っています。何を信じ、目指すのか分からなくなった時、道しるべとなる価値観は誰かのものではなく、自分の内側から湧き上がってくる情熱や欲望で創ったものだ。そうすれば純粋な子供のように人生を楽しめる。そんな「創造する生き方」を私たちに教えてくれたのです。「かつて人類に贈られた贈り物の中での、最大の贈り物」。ニーチェはこの本を自らそう評しました。

『ツァラトゥストラ』のコンセプト

この本の中でニーチェが提唱するのは、まず今の自分を縛っている価値観を壊すことです。そのためには、ルサンチマン（ねたみ・うらみ）から生まれた考えなど、自分を苦しめている原因を見つめ直すことが必要です。そして、信じてきた古い価値観を手放すことによるニヒリズム（虚無主義）に陥らぬよう、強い意志と自分で創った新しい価値観で乗り越えていこうと語ります。それには、本当の自分と向き合うことが必要になります。そして、自分の人生を何度でも繰り返したいと思えるほど自分の運命を愛し、自己肯定ができるようになろうという、ポジティブな生き方を提案しています。

自分の夢をしっかりと見つめ、創造力あふれるビジネスを展開したウォルト・ディズニーは、まさに自分の人生を肯定的に生きた人物といえるでしょう。世界中の人々の笑顔を見たくて造ったディズニーランド、大人も子供も楽しめる高いクオリティを目指して描かれたアニメーション。すべてはウォルトの生に対する誠実で積極的な姿勢から生まれたものです。数々の失敗や苦難にもめげず、自分がやりたいことを貪欲に追い続け、新しいことに挑戦し、私たちにすばらしい作品をたくさんプレゼントしてくれました。その中でも、ウォルトの分身であるミッキーマウスは一番の贈り物です。かつてウォルトのピンチを救ってくれたミッキーマウスは、今日も創造力をもって自由に生き生きと過ごしています。

自分を力強く肯定することで人は自由になれます。そして自由な心で夢や喜びを見つけていく努力は、きっとわくわくするような刺激的な毎日に、私たちを連れていってくれることでしょう。

自分の好きなことや、人生を楽しむことをあきらめず、ウォルトやミッキーマウスのように生きていくためのヒントを本書で探していきましょう。力強い言葉の一つ一つが、あなたを勇気づけてくれるはずです。

LIFE

なんでもやってみる
さわって、
においをかいで
味わってみる

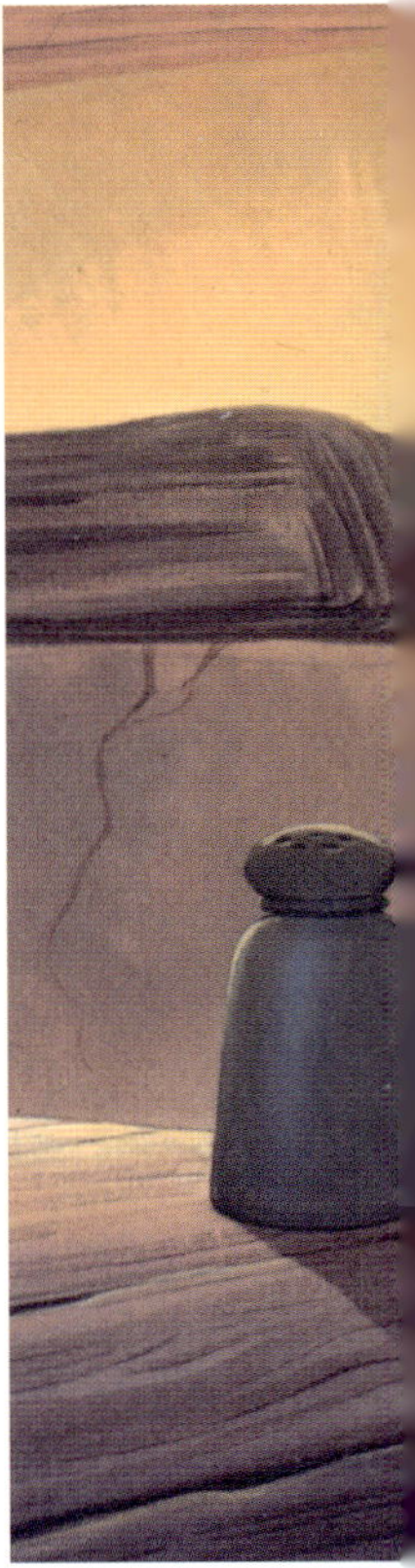

生きるということは、その途中で出会うさまざまなものに興味を持って関わり、試してみることの繰り返しである。わからないからと他人に尋ねても、それはその人にとっての正解であり、万人にとっての正解などありえない。自分で自分の進むべき道を見つけよう。ときに間違えたり、脇道にそれたりすることもあるかもしれない。しかし、こうした過程を経て初めて、真理に到達できるのである。

まずは思いきって自分を信じてみよう

世の中の色々なものにとらわれ、虚しさを感じ、世界が色あせてみえてしまうこともあるだろう。そんな時は、自分を惑わす一切のものを忘れて、思いきって自分を信じてみよう。自分という存在そのものを信じきってみるのだ。自分を信じられない人間の言葉は嘘になり、そういう人間の見ている世界も偽物なのだ。世界の見え方や価値は自分が決めるのだという自信があれば、目の前には新しい世界が姿を現すのだ。

偶然の成功を自分の力と勘違いしてはいけない

幸運に恵まれて、自分の力以上の成功を収めてしまうこともある。しかし、そこでの態度でその人の未来は大きく変わる。まるでずるをして勝ってしまったようだと、恥ずかしさを感じられる人間であるべきなのだ。そういう人間は、運が去り事態が変わることを恐れない強さを持っている。そして、自分の力を基準に考えられるなら、不運に見舞われた時でも「自分はもっとできるはずだ」と信じ、耐えることができるのだ。

運命を恐れることはない最善の選択肢は自分の中にあるのだから

偶然に左右されたり、運命に翻弄されたりする感覚に陥ることがある。それに対してなすすべがない、と思う必要はない。なぜなら、いろいろなできごとを通じて、本当の自分はどういうものなのかを体験しているからだ。運命や偶然に見えるできごとは、自分を再確認することに過ぎないのである。だから、これから起こることを恐れずに、真剣に向き合おう。そうすることで、世界中に散らばった自分のピースを拾い集めることができるのだ。

自分の人生を認めて愛してあげよう

「生きるのは辛い」。そう悲しげに言うのはもうやめよう。人生には辛いことがたくさんある。しかし人間は誰もが、この難しい人生を生き抜く力を持っているのだ。絶望を誘う誰かの言葉ではなく、自分の生きる力を信じよう。自分だけが辛いなどと思わず、誰もが時に悩み苦しみながら生きるのが人生なのだと、認めてしまうのだ。そして、その人生を愛することだ。今はまだ難しいことに思えるかもしれない。しかし人間は長い時間をともにするものを、少しずつでも愛することができるようにつくられているのだ。

友だちと真剣に
ぶつかり合う時
心はグッと
近づいている

べったりと甘えていては、本当の友だちとは呼べない。君にとっての友だちがそうであるように、君もまた、相手にとって刺激を与え高め合っていける存在でいなければならない。そういう二人なら、意見を交わし、競い合い、ぶつかり合っている時、心はとても近づいているのである。

Noでないから
といって
Yesという
わけではない

嘘つきでないからといって、信用に足る正直者というわけではない。嘘を言うつもりがなくても、世の中の真理にしっかりと向き合おうとしない人間が口にする言葉はすべて嘘になってしまう。こうしたズレは、日常において珍しいものではない。冷えきった態度でしかものごとを考えられない人と、真に熱意と愛を持って考えられる人を見極める目を持とう。

辛い時でも妄想にとらわれてしまわないようにしよう

現実が、理解できないほど複雑で、受け入れられないほど辛い時もある。だからといって、非現実的な存在に逃げこんではいけない。それは人の弱い心がつくりだした、ただの妄想なのだ。偽物の世界に逃げ込んでも、本当に救われることはない。現実世界で傷ついた自分を救えるのは、現実世界の自分だけなのだ。心に火が灯れば、偽物の世界はすぐに消え去ってしまうのだ。

生きることは楽ではない
だからこそ、価値がある

努力もせず、できるだけ楽をして生きていたいと望むのは、愚か者の考えることだ。生は、私たちにたくさんの喜びと幸せを感じられる舞台を用意してくれている。それに対し、我々は何をすれば報いることができるだろうか。努力を怠っても、命を失うことはない。それでも、常に「自分に何ができるだろうか?」と問いかけ、生が与えてくれる喜びを存分に味わえるよう、創造的かつ肯定的に生きていこう。

偉人の言葉を学ぶなら生き生きとした自分でいよう

単に自分を飾るためだけの知識が欲しくて、偉人たちの言葉を学ぼうとしても、その意味を理解することは難しい。なぜなら、偉人たちはしっかりと自分と向き合い、人生を力強く生きながら、彼ら自身の言葉を発したからだ。自分の心に刻み込むように学びたいなら、彼らと同じように生き生きと自分の道を歩いてみよう。そうすれば、その言葉の本当の輝きを感じられるはずだ。

人と同じであろうとしない

何かをする時、考える時、他人の目を恐れたり、まわりと同じであろうとするのは、もうやめるべきだ。受け身の姿勢で過ごしていても、本当の自分、本当の世界、本当の愛などを見ることはできない。誰かの目を通して見るのではなく、自分の目で見ることでしか、自分の世界は開けないのだ。

自分を愛そう そうすれば 大切な人からも 愛されるのだから

自分にとって都合がいいだけの人。まわりにいる、そんな人たちとの浅い付き合いを大事にしてしまうのはなぜだろうか。そして君たちが本当は大切には思っていない彼らに対して愛想笑いを浮かべるのはなぜだろうか。君たちはまだ、自分をしっかりと見つめ、自分を十分に愛していないのだ。自分に対しての愛の不足を身近な人たちで補おうとしても幸せな時間は訪れない。ありのままの自分を受け止めて愛せる人は、同じように前向きな人からも愛されるだろう。大切にすべきなのは、そういう人たちとの付き合いなのだ。

WALT DIS
MICKEY M

自分の気持ちを
ごまかすより
思い切り叫んだほうが
ましなこともある

一般的に、物事をプラスに受け止められる人は良い人とされる。だが、すべてのものごとに対して、肯定的に受け止めようと思う必要はない。無理に自分の意見をねじ曲げたり、自分の気持ちをごまかしたりするよりは、拒否したり否定したりするほうがましである。納得のいかないことに、妥協しないことだ。この姿勢こそが、真の創造性につながるのだから。

自分にとっての見え方で自分の中に取り込もう

創造的な生き方は、何も初めて触れるものに対してだけ行われるものではない。昔からあるもの、誰もが知っているもの、いつもあるのに誰もが気付かなかったものを、自分なりの形でとらえていけばよい。君が目にする人や物に、既に紐付けられている言葉をそのままあてはめて理解したつもりになったり、支配した気になるのはやめよう。自分にとってどう映るのか、自分はどう感じるのか、そういうものを大切にすることだ。

COOKIES

他人ではなく自分を生きる理由にしよう

自分で生きる目的を見つけることができずに、他のものに没頭しすぎるのはよくない。仕事や学問や他人を生きる理由にしている人は「これは逃避ではないか?」と自分に問いかけてみよう。本当の自分が求めているものでなければ、ちょっと立ち止まったほうがいい。勇気を持って自分が本当に望むものは何か、見つめ直してみることだ。没頭していたものへの熱が冷めてから、自分を見ていなかったことに気づくのも、気づかないふりをして逃げ続けるのも辛いことなのだ。

愛する人への一番の恩返しは成長した自分を見せること

自分が愛する人や尊敬する人には、つい言いなりになってしまう。多くの幸せを与えてもらっていれば、なおさらのこと。しかし、ただ慕っているだけでは相手の愛や恩に報いることはできない。君たちが、自分をしっかりと見つめ、独立した一人の人間となった時、彼らと対等に立ち向かえるだけのものを内に持てた時、彼らはより深い愛を君たちに向けるはずだ。

正しいものを知っているから間違いも分かる

自分のだめな部分を恥ずかしがる必要はない。本当はこうありたいと望む自分の姿が見えているから、今の自分をだめだと思えるのだ。ただ、そう思うことが自分で創った価値観が感じさせたものなのか、「こうあるべき」と人から押し付けられたものなのかは確認しておくべきだ。自分でだめだと気づける人は、他人の価値観の中で良い子でいる人よりもずっとすばらしい。

TOP
BOTTOM

自分らしい人生を生きれば時代にも環境にも影響されることはない

胸を張って「自分が歩んできた道は正しい」と言えるような生き方をしている人は、どんな困難が訪れても決して心が折れることはない。たとえ先の見えない状況に置かれても、周囲が「もうだめかもしれない」と嘆いていても、とらわれることなく自分の信念を貫くだろう。自分を信じて、自分の道を進もう。そう決めさえすれば、足を引っ張ろうとする者など簡単にはねのけることができる。

STEAMBOAT WILLIE
BLUE RHYTHM
BRAVE LITTLE TAILOR
FANTASIA
INK

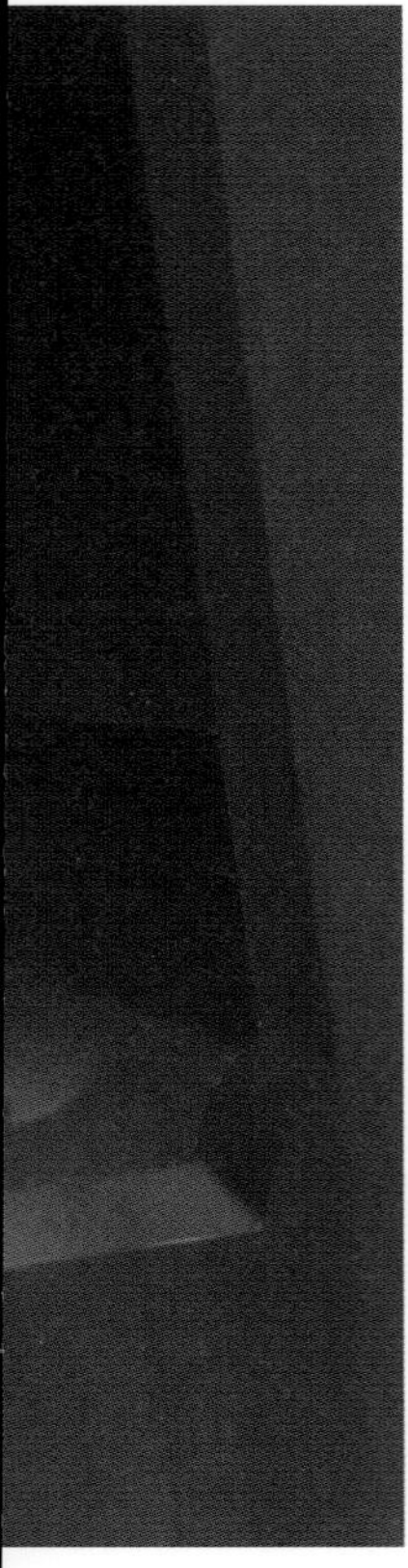

尊敬できるライバルを見つけよう

ライバルとはどんな存在だろうか。自分が見下しているような相手や、勝ちの決まっている相手はライバルではない。自分が尊敬できる相手、競うことを誇りに思えるような相手こそが、本当のライバルなのだ。そういう人間と磨き合えれば、自分も成長でき、相手の成功を自分のことのように喜べるようになるのだ。

人生は自分のもの他人の荷物なんておろしてしまえばいい

人生が砂漠のようにつまらなく、味気ないものに感じられるという人は少なくない。そういう人は往々にして、自分が抱えるべき言葉や価値だけでなく、他人のものまで大量に背負っている。我慢強く、人を敬う気持ちを持った人ほど重荷を受け入れてしまいがちだ。疲れたら、少し休もう。そして他人の余分な荷物で苦しむのはやめて、自分のために道を歩こうではないか。

見返りを求めずに
自分の心を
愛してみよう
その姿はとても美しい

自分で正しいと思ったことを実践する時、その見返りを期待してはいけない。人間の本質は、「正しいことをしたらお返しをもらえる」というような考え方とはかけ離れた、もっときれいなものなのだ。自分の生み出した良心を愛することは、母親が子供を愛するのと同じである。我が子に向けた愛に見返りを求める親がいるだろうか。

HAPPY
BIRTHDAY

世界は私たちが思うよりずっと難しくそしてずっと深い

世界は広い。そして深い。太陽が輝き、あまねく地上を照らしても、その光が届かない場所は数多くある。言い換えれば、合理的に把握できるものなどほんの一握りなのである。言葉にできないものも数多い。むしろ、言葉にできないもののほうが多いかもしれないし、どんな概念をもってしても表現し尽くすのは難しいのだ。

大事なものは人それぞれが自分の価値観で見つけるものだ

善いものや悪いものという評価は、自然に生まれたものではない。すべて、人間が生み出したものである。何かを評価するということは、新しい価値を創造することだ。人の数だけ価値観は存在する。そのため、人類全体が目指す目標は今まで存在していない。しかし、本当の自分の声に従って創造的に生きること、これが全員の目標であって欲しいのだ。

FRAGILE
THIS END UP
ORANGES

困難を乗り越える方法は百人いれば百通りでも、力技はきかない

困難に打ち勝ち、自分の壁を乗り越える方法は数え切れないくらいある。誰かが試してうまく結果が出た方法も、自分にとって最善であるとは限らない。自分の道、そして乗り越える方法は、自分の力で見つけなければならないのだ。とはいえ、力技で乱暴に結果を出すのは、愚か者のすることだ。中身が伴っていなければ、形の上では乗り越えられていても意味がない。

消えかけた青春の輝きは自分の意志で取り戻すことができる

燃えるような理想や情熱にあふれた青春は、いつしか光を失ってしまった。しかし、今もわずかに漂う青春の香りが、私の心を安らげ、涙を誘う。つまり、私の中にまだ青春は残っているのだ。あの頃、私は世界を美しく見たいと望んだ。そして、「これが現実なのだ」という勝手な押し付けの前に一度はくじけてしまった。しかし、多くの眠れない夜を過ごしてもなお、あの時抱いた思いや熱は、今も私をつかんで離さないのだ。私は自分に従うと決めた。この意志はもう変わることはない。意志が生き続ける限り、青春は何度でもよみがえる。

HOME sweet HOME

人と違うことを恥じなくていいそこから真実が生まれるのだから

世間で正しいとされていることと、自分の考えることが違っていても気にすることはない。むしろ、新しい知や真実が生まれる可能性を喜んだほうがいい。すべての知は、そのときに一般的とされている慣習や思考法に背いたところが起点となっている。周囲となんだか違うという違和感のあるところに、知は育つのだ。さあ、古い価値観を打ち破ろう。

自分に厳しく
自分を愛そう

本物の愛というものは、愛する対象に愛の見返りを求めるのではなく、相手の成長や向上を願うものである。これを「自分を愛する」ことに置き換えて考えてみると、自分自身をどんどん向上させていくことが愛、ということになる。向上心を持つことは、自分の欠点に向き合う、辛い体験だ。しかし、それすらできずにどうして周囲の人を愛することができるだろうか。さあ、自分を愛そう。

埋もれている
もっと良い自分を
掘り起こそう

「私は石の中に天使を見出した。そして、その天使が自由になるまで彫り続けた」。ミケランジェロは、こう言ったとされる。私たち人間の理想の姿は、私たち自身の中にある。その表面には古い価値観が風雨のように打ち付け、汚れ傷ついた存在のように見えるかもしれない。しかし、だからこそ中に眠る美しさを、もがいている自分を、自由にしてあげようではないか。私たちには自分の目指す生き方がある。人間を苦しめ、閉じ込めてきた一切の価値観は、もう自分には関係のないものなのだ。

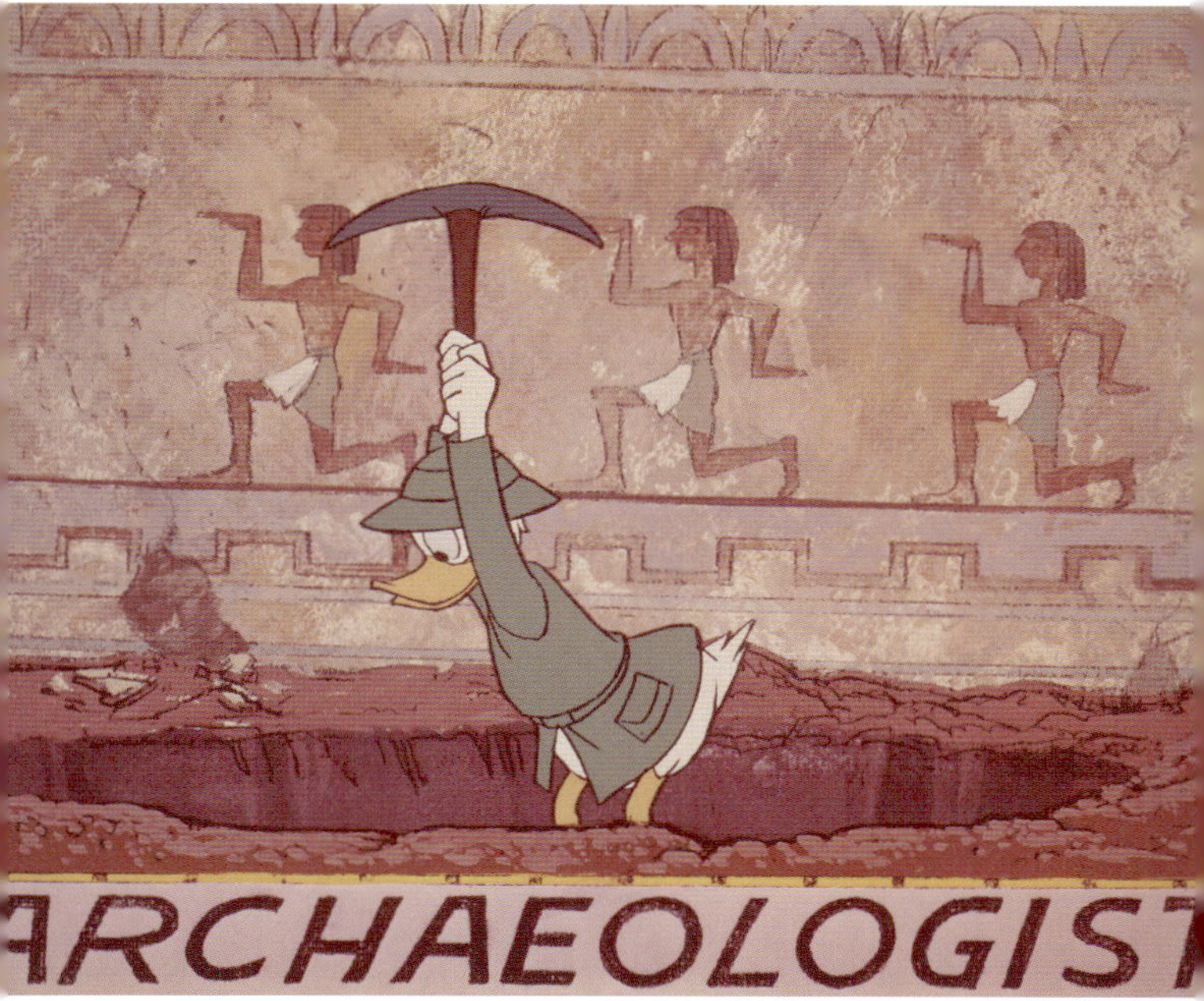
ARCHAEOLOGIST

人付き合いの中では自分を見失いがちだから自分と向き合う時間を大切にしよう

生きることには、困難なことも数多くある。たとえば、中身が汚いからと外見を飾り立てたり、外見がみすぼらしいからと中身まで誤解されてしまったりすることがある。こういったことを繰り返すうちに、〝本当の自分〟はどんどん遠くなっていく。世渡りの得手不得手で自分をどう見せても、またどう見られても、結局自分が帰るところは自分しかないのだ。だから、自分と向き合う時間を大切にしよう。

素直に表現したいという純粋な気持ちが美しさを作り出す

自分を無理に抑えて、世の中の価値観に合わせた表現が美しいと説く人もいる。しかし、その教えも、私たちの内なる声をかき消すことはできない。自分の内側にある欲求に従うことを恥ずかしく思う必要はない。自分に素直に何かを生み出したい、表現したいという意志は、純粋で生き生きとしたものである。そして、その純粋さが美しさを生み出すのだ。

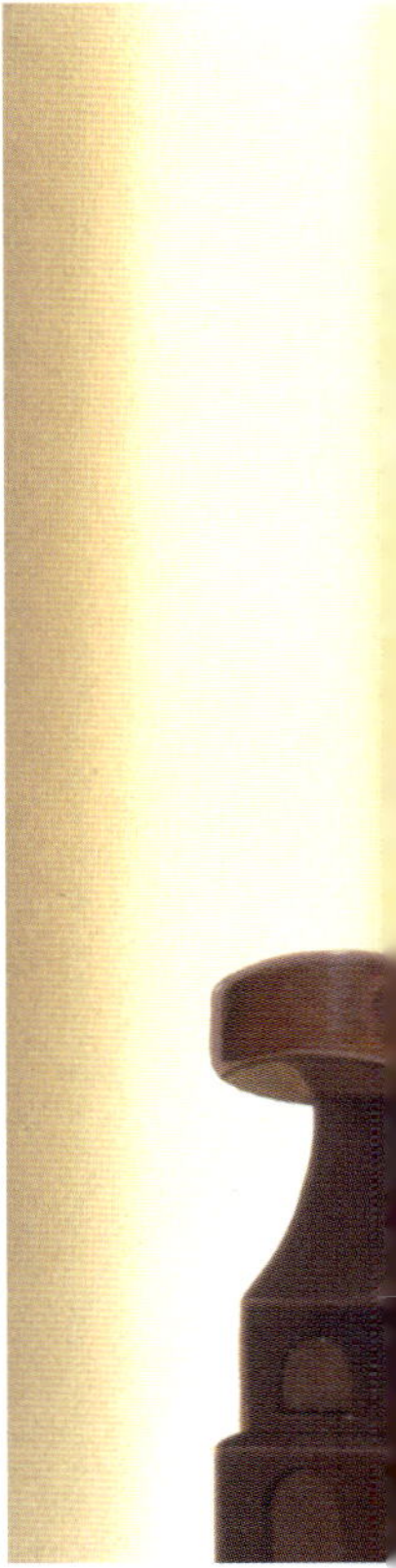

実力以上のものを求めればたくさんの嘘をつくことになる

自分が持っている能力を過信すべきではない。「もっと大きな仕事を」「もっと大きな名声を」と望めば望むほど、中身のない自分を飾り立て、嘘で身を固めることになる。口先だけ巧みになって、自分の地位を上げようとする。だが、虚構はあくまで虚構だ。いずれ身を滅ぼすことになる。今の自分の能力を正直に見つめよう。なかなか難しいことではあるが、だからこそ大切なことなのだ。

欲しいものがあるなら自分から行動を起こそう

与えられた仕事をこなすだけでも、報酬はもらえる。相手に合わせ、ついていくだけの受け身な対人関係でも、その場でトラブルが起きるわけではない。一見すると何も損はしていない。だが実際は、こうした受け身な人は、あらゆる場面で自我を奪われていると言ったほうが正しい。奪われることが続けば、やがて自我はなくなってしまう。〝待ち〟の姿勢はもうやめよう。「私はこうしたい」という言葉を唇にのせよう。

考えても
しかたのないことに
思いを馳せずに
地に足をつけた
生き方をしよう

考えても分かるはずのない非現実的なことを思い悩んでいても意味はない。自分に寄り添って生きることができずに、妄想の世界に逃げ込むのと同じく、その道は幸せには続いていない。そんな足場のないところに心を漂わせていても、偽物の安心と本物の不安を連れてくるだけなのだ。ふわふわと不安がっている心を現実の世界に、この大地に連れ戻してあげよう。大地には、君たちが自分を捨てない限り、いつでも新しい希望が息づいているのだ。

偶然に支配されるのはもうやめよう

世の中は偶然と非合理性に満ちている。だが、それに支配されては何も生まれることはない。むしろ、振り回されて時間と労力を無駄にしてしまう。偶然に支配されるのはやめよう。偶然を肯定的に受け止め、自ら働きかけて「意志をもって生きる」ことにこそ、意義があるのだ。どんな偶然も自分の中で咀嚼《そしゃく》し、自分の血肉とするくらいの覚悟を持とう。

LIFE

人生を切り拓くのに他人をあてにしてはいけない

どんな道を進むにせよ、何かをするときは自分から主体的に行動することが大切だ。行動する権利は誰にでもあるが、他人に与えてもらってはならない。それは他人に服従するのと同じことだ。行動する権利を自分の手でつかみ、その責任は自分で負う。そういう生き方を目指すべきなのだ。

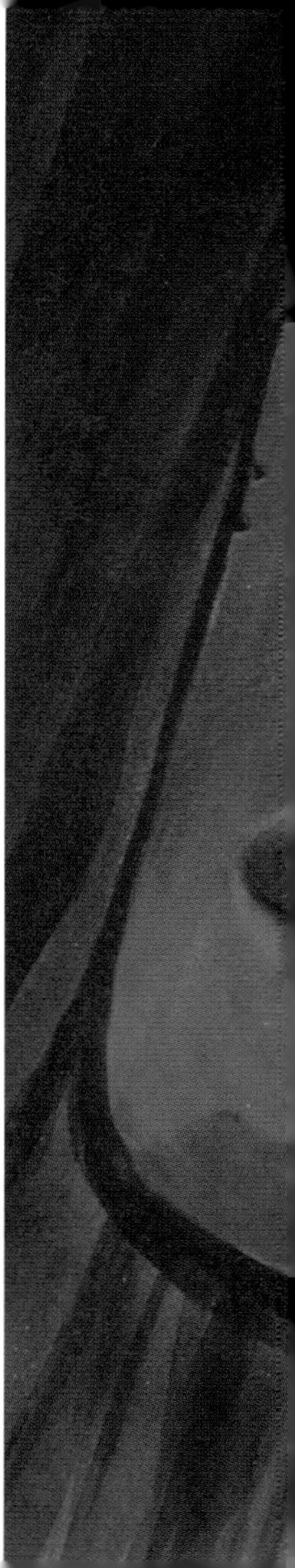

空を飛ぼうと思うならまずは立つことから

飛び方を学んで、いつか自分も空高く飛んでみたい。そう思うならば、最初から飛ぶ練習だけしても空高く飛べるようにはならない。必要なのは、いきなり結果を求めることでも、ただ夢見て待つことでもない。高みを目指す強い気持ちを胸に、実際に動いて多くの経験をしてみることだ。それ抜きで、いきなり高く飛ぶことはできない。失敗しても良いのだ。真剣に望んで目指したのであれば、次につながる多くのものが残るのだから。

自分を愛するなら厳しい目で自分を見つめてみよう

君は本心から今の自分に満足していると言い切れるだろうか。満足していると思いたいだけではないだろうか。しっかりと自分を見つめてみよう。まだ満たされてなく、理想とする自分になりたいと思うなら、今の自分のだめなところを認めることだ。自分と自分の人生を愛しているなら、自分を甘やかすのではなく、前に進むための厳しさを持つことが大切なのだ。

常識やあたりまえを疑ってみよう

世の中で広く信じられていることでも、それが正しいかどうかは誰も証明できないものがある。よくよく調べてみると、誰かの妄想にすぎないこともある。物事の善悪も、個々人の妄想に過ぎない。もっと自由に、自分が本心からしたいと思えることをしよう。

友だちにはただ許すだけでも同情するのでもなく大きな愛を持って接しよう

悩んでいる友だちに対して、君は安らげる場所であるようにしよう。ただ、あまりに居心地を良くしてずっとそこで甘えさせてはいけない。友だちが再び立ち上がるための、しばしの休息を与えられればよい。もし友だちがあなたに良くないことをしたら、こう告げよう。「君が私にしたことは許す。だけど君がしてしまったことを君自身がどう受け止めていくのかは君が決めることだ」と。悩んでいる友だちに「もう一度頑張ろう」と思わせることのできる自分でいよう。

良い仕事をしたいなら まずは楽しんでみよう

効率重視の世の中である。仕事においても、どれだけ無駄を削れるか、どれだけ人を上手く動かすか、といったところにばかり注目が集まる。だが、一直線に進むだけの効率重視が正しいわけではない。遊び心を持ち、楽しみつつ、ときに寄り道をして進むことで良い仕事ができるのだ。自分にとっての「良い仕事」とは何か、もう一度考えてみよう。

持ち上げたり飾ったりしなくていい ありのままに受け入れよう

動物は「かわいい」とか「役に立つ」という理由で存在しているのではない。彼らは人間の従属物ではなく、人の価値観などには縛られない、自由な存在なのだ。この世界に存在するものごとを、何かの目的にとって合理的かどうかで考え、それを押し付けるのはやめよう。世界のすべては、人間と同じで誰の価値観にも縛られることなく、存在を肯定されるべきなのだ。

離れていても平気なのが本当に愛しているということ

一緒にいられないと不安になる、寂しくてたまらないという人がいる。だが、相手のことを真に受け入れて理解していれば、離れていても不安はないのが当然であり、これこそが本当の意味での愛である。「愛が欲しい」「愛されたい」と思っているうちは、まだ愛ではない。愛は熱望するものではない。自分の内側にあるものだ。

自分の価値観を自分で創ることで人生が軽くなる

世の中には人間の自由を縛ろうとする声がたくさんある。生身の人間が「こうありたい」と望む心を「こうあるべきだ」と抑えつける人が大勢いる。人間が自主性や自分の考えを奪われるなら、人間であることを否定されているようなものだ。空を舞う鳥から、飛ぶことを奪っていいのだろうか。縛られている自分に気づかずに過ごせば、「どうしてこんなに辛いんだろう」と、自分でも原因に気づかない悩みを多く抱えてしまう。自分で価値観を創り出すことは、そういう苦悩から自分を解き放つことでもあるのだ。

人生がつまらないのは楽しいことの探し方が下手なだけ

何かと文句の多い人がいる。自分だけが特別に不幸のような顔をして、ぶつぶつ言うのが趣味のようである。でも、その人が不幸にばかり遭遇していることはない。本当は、思わず笑ってしまうような愉快なことや、楽しい瞬間も数多くあるのだ。ただ、気づかないだけで——さあ、マイナスなことばかりにとらわれず、良いことを探そう。文句なんて言う暇もないほど、楽しくなるはずだから。

40
WATT
60
WATT
TULIP
BULBS
LIGHT
BULBS

HAPPINESS

幸せを求めるなら本当の仲間が必要だ

自分の幸せを求めるなら、必要なのは本当の仲間だ。居心地がいいだけの人や、自分の言うことをなんでも聞いてくれる人は仲間とは呼べない。その人たち自身が、他人に流されずに考え、その結果としてあなたとともに歩くなら、ともに語り合い、お互いを高めていくことができる。そういう人たちこそが本当の仲間なのだ。

本当に楽しく思えることを素直に楽しもう

本当に良いと思うもの。本当に楽しいと思えるもの。そこに他人との比較を入れてしまっては台無しだ。「こんな音楽を好きだというのは恥ずかしい」。そんな思いで、自分が本当は楽しめたはずの音楽を悪く言って、別の音楽を良いと思い込んでも虚しいだけなのだ。否定したいものの裏側を良いと思い込むのではなく、自分が本当に良いと思えるものを大事にしてみよう。

心の底から楽しんで生きれば嫌いなものは寄ってこない

自分の人生を楽しみ、喜んでいれば、自分にとって何が良いものので、何が悪いものかを見極める目がそなわってくる。幸福なものに名前をつけて慈しむ一方で、幸福でないものを遠ざけることができるようになる。卑怯者や臆病者、「すべてはむなしい」と嘆き続けるだけの人、他人を信用しない人。そのような、軽蔑すべき人を決して近づけることはなくなるのである。

泣いているよりも笑っていたほうが人生はずっと豊かになる

空はいつも青く晴れ渡っているわけではない。厚い雲に覆われることもあれば、雨粒を地上に落とすこともある。人の毎日も、楽しいことばかりではない。失恋、仕事上の失敗、他人とのいさかい……そうしたことが起こると、人は「自分の人生に楽しかったことなど一度もなかった」と言わんばかりに悲嘆にくれがちである。でも、涙にくれるときほど、楽しかったことを思い出してみてはどうだろうか。喜びは悲しみよりも深いのだから。

OTATO
BIN

HAPPINESS

苦労をした人だけが幸せをつかみとれるのだ

人が成長していくためには、たくさんの苦労がある。信じてきたものを捨てることは大変なことであり、新しい価値観を創り出し何かとぶつかることもあるだろう。しかし、本当の幸せはその先にある。困難を恐れ、そこから逃げて自分を守ろうとする生き方は、一見自分を大切にしているように見えるかもしれない。しかし、それは人生を不幸に導いてしまう自分を粗末にした生き方なのだ。

自分は自分に嘘をつく
それを知っておくと
人生は
ずっと楽しくなる

自分のことは自分が一番よく知っていると思われがちだが、実は自分が自分を見つけ出すことは一番難しい。他人の価値観に影響されたり、世間で常識と言われていたりすることを鵜呑《うの》みにしているせいで、魂が求めていることが正しく理解できないのである。「自分は自分をよく理解している」などと思い込まずに、自分が自分に嘘をついている可能性についても考えよう。本当の自分を見つければ、人生はきっと楽しくなるはずだ。

苦労を乗り越えることが本当の幸せにつながる

苦労をすれば、それだけ自分は強くなれる。また、乗り越えた経験が自信になる。その強さと自信が古い価値観にとらわれない自由な自分を作ってくれる。こうして人は、自分の心の声に従って、本当の希望を見つけることができるようになるのだ。

本当の幸せは本当の私が求めているもの

多くの人が、今まで自分自身を無視して生きてきたのではないだろうか。自分の理性を作ってきた知識、信じていたもの、正しいと思っていたもの、それぞれをよく考えてみよう。それらは本当の自分が求めたことだっただろうか？　誰かによって必要だと決められたり、信じこまされたり、正しいと刷り込まれたものではなかっただろうか？振り返って、「今までの自分は偽物だった」と恥ずかしく思うことができるなら、君はもう「本当の幸せは本当の自分が感じられるもの」だと気づき始めている。その気づきが幸福へ向かう第一歩なのだ。

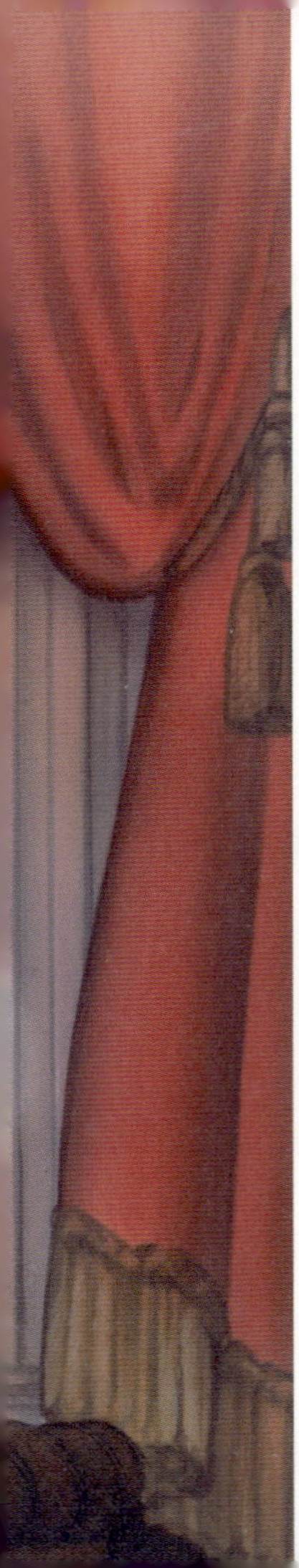

幸せな未来は自分で見つけた希望が運んでくるのだ

「これが幸せな生き方です」。こんな言葉を鵜呑みにしてはいけない。誰かの創り出した幸せの形や、世間の声に従うだけでは、自分がなくなってしまう。このままでは、何を見ても感動できず、目標もなく虚しく暮らすだけの人間が増えてしまうだろう。今こそ、自分を見つめ直してみよう。あなたにはその力が備わっているのだから、人任せではない自分なりの希望を持つべきなのだ。

何も考えずに皆がいいという人を信じてはいけない

多くの人が評価しているというだけで、その人を信じてはいけない。正しい言葉よりも、聞く人が正しいと思いたい言葉を口にするだけで、多くの人は信じてしまうものなのだ。生きることの真実と、幸福に向かう生き方を知るためには、誰かに合わせるのではなく、独立した自分でなくてはならない。そこには孤独もある。しかし、ふらふらと誰かを信じていた時とは違い、本当に耳を傾けるべき言葉や、信じるべき人も見えてくるのだ。

たった一度でもいい、幸せを感じたならばそれを胸に生きよう

悲しみは繰り返す。涙が止まらないほどの辛い体験は、これからの人生においても必ず訪れる。だからといって、絶望する必要はまったくない。なぜなら、これまでに訪れたチャンスや幸運も、また繰り返すものだから。それならば、悲しみを恐れるよりも幸福を胸に抱いて生きたほうがいい。

幸運が訪れても「運を使い果たした」などと思わなくていい

良いことが起こると「次には不幸な展開が待っているのではないか」と不安になる人がいる。「自分の運はここで使い果たしたのかも」と心配する人もいる。だが、そんなことはない。幸運はさまざまなことをきっかけに至るところで生まれ、自分のところに飛び込んでくるものだ。どうしてそれが、一度きりなどということがあろうか。幸運は何度も、繰り返し訪れるものだというのに。

HAPPINESS

贈り合い
分かち合う
そんな仲間と
語り合おう

仲間とは、苦しみではなく喜びをともに分かち合おう。それぞれが創造的に生き、お互いの実りを贈り合おう。仲間が迷っている時には道を示そう。世間に背中を向けた時には、見えなくなっている楽しさに気づかせてあげよう。そして、開かれた心にたくさんの幸せを吹き込んであげよう。

JAM
FRANK DUCK
CIRCUS
MARCH
13
1D-327
CATALOGUE
Gifts

疲れても、時間がかかっても自分の足で歩こう

今よりもっと幸せになろうと思うなら、自分自身で努力をしなければならない。他人の力を頼ったり、楽な道ばかり選んだりしてはいけない。さほど努力をしなくても、うまくいくこともあるだろう。だが、それは表面上のことだ。自分自身で取り組まなかったことに関しては、後で必ずほころびが生じる。自分の幸せは、自分でしっかりとつかむのが最良の道なのだ。

趣味の時間は素直な自分を出せるひと時

何事ももったいつけて、自分を高尚だと思っている人には、何が好きとか何が美味しいなどの話は下らなく思えるようだ。「何かしていなければ不安」と、いつもあくせくと生きる人には趣味やゆったりと考えることに使う時間が無駄に思えるようだ。こんな張り詰めた生き方はよくない。趣味には、その人の価値観や情熱が実に素直に軽やかに表れている。もっと、自分に素直に軽やかに生きられる時間を大切にしよう。

本当の愛は愛されることではなく相手の成長を求めること

自分が愛する人から思うような愛情表現が得られないと、不機嫌になる人がいる。それどころか、文句や愚痴を言う人すらいる。ただ、それはあまり良い趣味とはいえない。なぜなら、見返りとしての愛を求めているようでは、自分もまだまだ不十分な愛しか持てていないということだからだ。本当の愛は、自分が愛されるよりも、相手がもっと魅力的な人間へと成長していくことを願うものだからだ。

結婚は
お互いを高め合える
幸せへのステップだ

愛する人と結ばれることはゴールではない。愛する人とともに人生を歩んでいくことは、それぞれが今の自分たちを超えて高め合い続けるということである。一時の幸せに甘えることなく、ずっとお互いが愛され続けることのできる人間であろうとする意志が必要なのである。これからたくさんの会話を重ねていく相手として、芯の部分を本当に愛せていることが大切なのだ。それ以外のものは、時とともに移ろっていくものなのだから。

あきらめない限り 人生はいつでも 喜びであふれている

生きているということは、本来楽しいことや喜びがわきあふれる泉のようなものだ。ところが、その水を濁らせようと君の泉に近寄ってくるつまらない人間がいる。彼らは、卑しさや虚しさという毒を泉に投げ入れようとするのだ。毒を持ち寄る人たちに染まってしまってはいけない。現実に絶望したり、あきらめたりするのではなく、そういう人間がいるからこそ、泉の美しさ、すばらしさが自分には必要なのだと考えよう。あきらめない限り、泉はいつまでもわき続けているのだから。

なにものも恐れぬ精神が毎日をばら色に変える

自分の決断や行動が生むすべてのことを楽しむように生きてみよう。――風が自分の笛の音に合わせて踊るように。失敗も成功も自分の人生を彩る1ページとして、楽しみながら未来につなげていこう。そんな風のような生き方は、腰が重かった人を積極的にし、ビクビクしていた人に危険の中にも喜びがあることを気づかせてくれるのだ。

体全体で幸せを感じよう

心と体は独立しているものではない。まず体があって、心はそこに含まれたひとつなのだ。体調が良くない時は、誰しもマイナスな感情を強く持ってしまうものだ。今は心と体を分けて考える人が多い。まるで、心だけが自分であるかのように考えてしまうが、それがそもそも間違いなのだ。実際には、体と心は一致したもので、分けて考えても無駄な悩みや不安を連れてくるだけである。体そのものの声を聞いて、体全体で世界に触れると、不要な悩みは消え、本当の喜びや幸せが見えてくる。体全体で泣き笑う赤ん坊を見ると、そのことがよく分かるのである。

FUTURE

求めてばかりいても欲しいものは手に入らない

手に入れたいものや成し遂げたいことがあるならば、まずは行動してみることが大切だ。「お金も時間もないからできない」「周囲の理解が得られないからダメ」などと言い訳をしながら、一歩も踏み出さない者に、誰がチャンスや幸運を与えたいと思うだろうか。さまざまな手段を検討しよう。知識が必要ならば勉強し、試行錯誤を試みよう。それが、願った未来の扉を開く鍵になる。

本当に大切なものを一つとことん信じてみよう

自分の心の声に耳を傾け、一番価値があると思えるものと寄り添って生きていくのがよい。いちずに生きるということは、あれこれと迷って生きるよりもずっと強いのだ。また、何かを正しいと信じることは、信じたくない何かを生み出すことでもある。例えば「一生懸命さ」を正しいと思えば「怠けること」を快く思えないはずだし「勇敢でいたい」と思えば「臆病でいること」を間違っていると思うはずだ。まだ自分に十分な強さが伴わない時に多くのものと向き合うのは危ういことである。まずは一つのことから始めてみるべきなのだ。

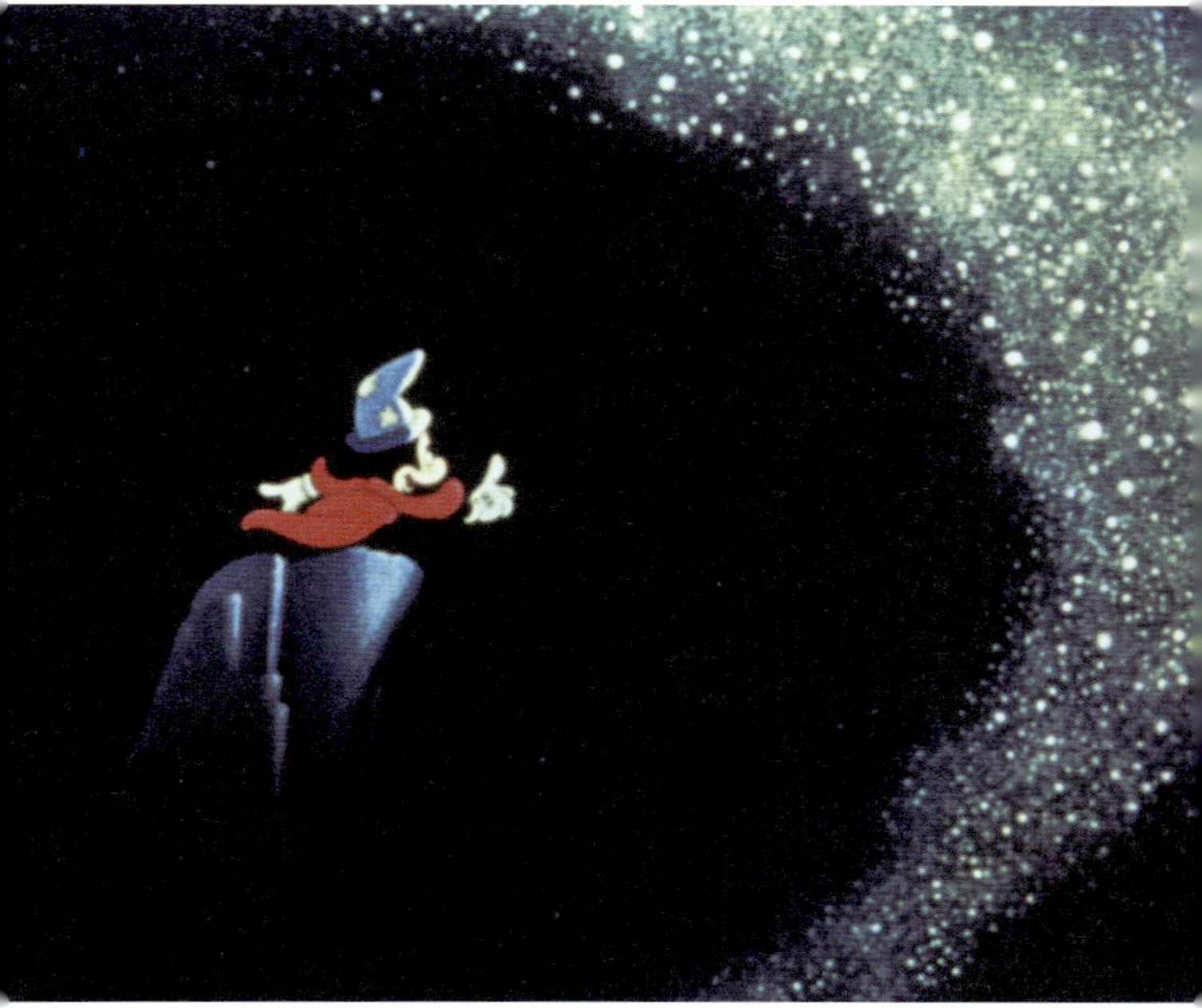

私たちはみんな途中の人なのである

もっと良くなりたいと前に進もうとする姿は美しい。私たちはまだ誰もゴールに達していない。それでもより良い自分を目指して生きようとしている人がいる。その道は平坦ではない。苦労することも、失敗することもあるだろう。しかし、それこそが人間としての本来の姿なのだ。

13
13
5

「もし
生まれ変わっても、
もう一度
私に生まれたい」
と思える
自分になろう

嫌なことがあると、他人のせいにする人がいる。誰かに一方的に愚痴を言い、とりあえず自分の悲嘆や怒りをおさめようとする人もいる。自分を責め、追い込んでしまう人もいる。自暴自棄になって、努力や向上心を放棄してしまう人もいる。だが、それで幸福な未来は訪れるのだろうか。自分を納得させられるのは、自分しかいない。自分の人生は最高だったと言い切れるように、何事にも精一杯チャレンジしてみようではないか。

悩むことは成長の証でもあるのだ

押してもびくともしない木も、風によって葉がざわめき、大きくしなる。人間も同じように、目に見えない欲望や嫉妬、人前で出せない感情によって心が揺さぶられてしまう。木は高く伸びれば伸びるほど、暗い地中にも根を下ろしていく。また人間も同じように、成長すればするほど、大きな悩みにあたるものなのだ。深い悩みを抱えるのは、自分がだめな人間だからではない。自分が前進している証でもあるのだ。

FUTURE

希望はいつまでも持ち続けることが大切だ

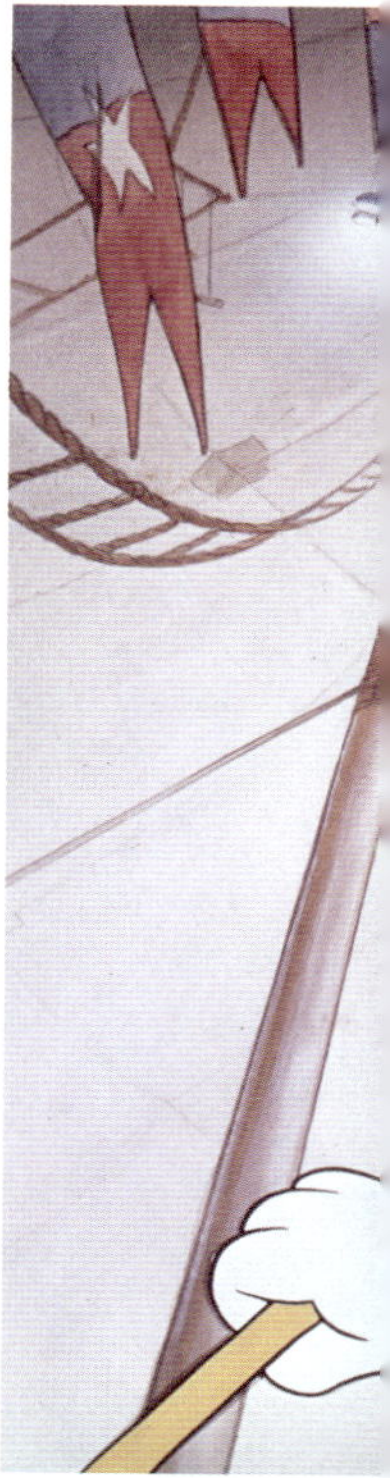

希望を持って前に進もうとする人間がいると、足を引っ張ろうとする人間もいるものだ。そうやってまわりに邪魔をされ、希望を捨て去ってしまった人は、恐ろしいことに自分もまた希望に満ちた人を否定しようとするのだ。「そんなことをしても無駄だ」と、自分の世界に引きこもうとする。そして、不満を抱えたまま時を過ごしてしまう。希望は決して捨ててはならないのである。

本能に耳を澄ませば「もっと前に進みたい」という声が聞こえてくる

自然の中で生きる草木や動物たちは、より良い存在になろうと進化してきた。人間も彼らと同じなのだ。確かに私たちは彼らにはない知識や知恵を持っている。それでも私たちが彼らと同じ「成長したい、進歩したい」という欲求を持っていることは忘れてはいけない。頭で考えるだけではなく、自分たちが元々持っている「もっと前に進みたい」という自分の内なる声に耳を傾けてみよう。

大切なのは「何からの自由」ではなく「何を目指しての自由」なのかだ

古い価値観に縛られずに、自分だけの価値観を見つけよう。それが本当の自分を見つけるということだ。自分を縛り付けている何かを捨て去っても、それだけで本当の自分にはなれない。信じるものがなくなったまま生きていると、きっと何もかもが虚しく感じられる日が来てしまう。大事なのは、その信じるものを自分で生み出すことなのだ。自分の意志に従って生きるという決意と、物事の価値をその意志によって決める強さを持ち続けよう。そうすることで、本当の自分を取り戻せるのだ。

あなたの歩く道には
理想の自分へのヒントが
ちりばめられている

歩き始めたばかりの人間が、理想とする自分の姿を具体的にイメージするのは難しい。それでも、自分に正直に、自分なりの道を進み始めたなら、その一瞬一瞬を大切にしていこう。初めて自分の目で世界を眺めるかのように、自分の心がどう反応するのか、その声を聞いてみよう。進み始めたその道には、未来に花ひらく種が埋まっているのだ。

FUTURE

向上心を持つことが理想の自分への第一歩になる

正しい心のあり方として思い浮かべるものがいくつかあるだろう。勇敢な人、親切な人に見られたいと、見せかけだけの勇敢さや親切さを演じても意味はない。本物の正しさは、すべて向上心からスタートしているのだ。今よりもっと良い自分になりたいという気持ちが、人によって勇敢さや親切さといった形になって現れるのだ。まずは、向上心を持つことから始めよう。

創造のためには苦しみが必要だ新しい自分になるために

新しい価値観を創っていく道には多くの苦しみがある。というよりも、苦しみが必要なのだ。今までのものを超えるということは、古いものを捨てることでもある。多くの辛い別れや心の痛み、そして自分自身の変化を通して、新しい自分ができあがっていく。新しい無垢な自分を産み落とそうと思ったら、自分自身が新しい自分の母にならなければいけないのだ。

勇気とともにあることがあなたの道を切り拓く

他人に流されずに、自由に創造的に生きていくには戦い抜く気持ちが大切だ。つまずいて、人や社会を疎ましく思い、嫉妬を感じることもあるだろう。しかし、それを恥ずかしく思う必要はない。大事なのは、もう一度顔を上げて前を向けるかどうかなのだ。負けた時も、恥じるのではなく潔く認め、次へのヒントにすることだ。幸福へ向かう道の途中には、必ず困難が訪れる。だからこそ、それを糧にして戦える勇敢さが必要なのだ。

何度失敗してもまた立ち向かう勇気が救いになる

何度挑戦しても失敗するときは「もう何をしてもダメなのではないか」といった思考にとらわれがちだ。でも、「現実とはそういうものだ。そこで生きるしかないのだ」と認め、腹をくくって、何度失敗してももう一度と思う勇気を持とう。そうすればこの先、どんなに辛いことが目の前に立ちはだかっても、決してそれに負けることはないはずである。

笑って軽やかに生きていこう

ヒラヒラと軽やかに舞っている蝶は、幸せとは何かをよく知っているように見える。私たちの自由や、前に向かう一歩を邪魔するものは、どれも重さを感じさせる。悲しさや絶望や虚しさが、重しとなって苦しめるのだ。大したことのないものは笑い飛ばしてしまおう。どうにもならないことは、どうにもならないと認めて、前向きな笑顔で愛してあげよう。重さの支配は笑いによって消え去るのだ。

何かを始めようと思うならまずは心構えから

できなかったことが、できるようになるのはとても良いことだ。ただし、高い壁に当たって諦めてしまうような中途半端な気持ちで行うくらいなら、意図的に何もしない人のほうがましと言えるだろう。何かに挑戦しようと思うなら、中途半端な気持ちではいけない。ぼんやり臨むのではなく、最後までやり遂げられるように、強い意欲を持つことが大事なのだ。

HOW
TO
FLY

今、この瞬間だけが人生というわけではない

今、この瞬間は、また繰り返されるときがくる。瞬間に限らず、人生においてあらゆる時間はまた繰り返し同じ体験をもたらす。苦しい体験も巡ってくるだろう。それでも、「あんな過去じゃなかったら」と悩んでいてはいけない。辛かったことでも、「あの過去があったから、今の自分がいるのだ」と思えるように、未来に向けて積極的な生き方をしよう。

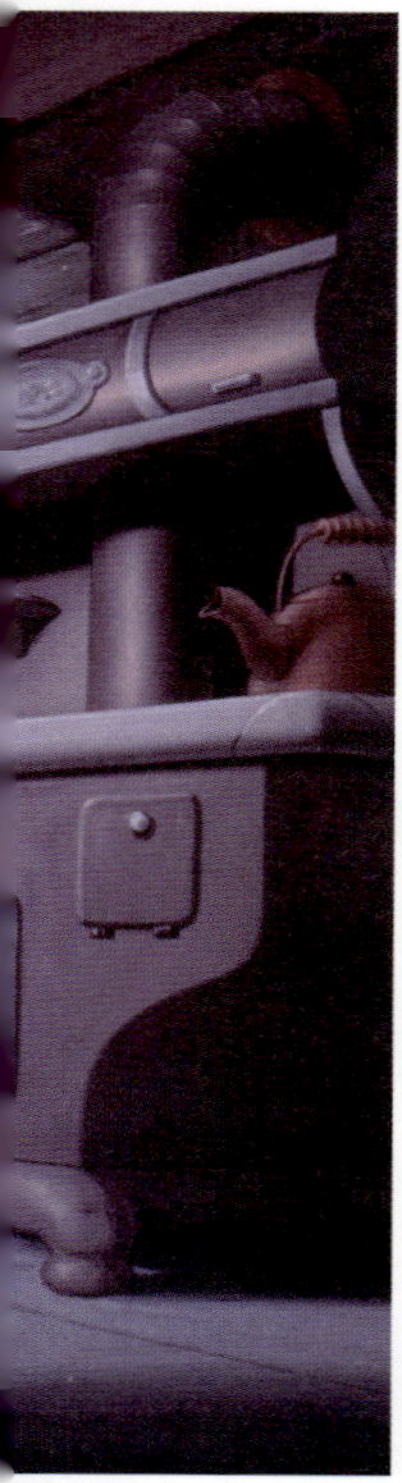

友だちに心を開いてみよう きっと新しい世界への扉も開かれる

友だちからの友情を十分に感じられないなら、原因は君にあるかもしれない。自分への誇りと、友だちへの敬意を両手に持ち、心を開いてみよう。お互いが心を開けば、より深いつながりが生まれる。それは、お互いが胸のうちに抱える思いや価値観を贈り合う関係だ。そして、そういう付き合いは、新しい世界や新しい希望も与えてくれるのだ。

信念に基づいた行動は星の光のようなもの見えなくなってもその光は進み続けている

それぞれの信じるところに従った正しい行動は、星の光のようなものだ。例えば、照らされた人々の笑顔が連鎖して広がっていくように。例えば、その時の光が自分の中で生き続けるように。行動は終わっても、その光は進み続けているのである。

明日の自分が
すばらしいのは
今日の自分が
頑張っているから

命は進化への道を求めている。同じように人間の生も、いつも上への一歩を求めている。過去を乗り越えた今この時も、まさにその今を乗り越えることを求めているのだ。それは、さながら遥か彼方に続く階段のようである。今、足をついているその一段も、さらなる高みを目指し、踏み越えられるためのステップなのだ。

諦めてはいけない 世の中は、 この瞬間にも 刻一刻と 変わっているのだから

動かしようのない事実があるとしよう。しかし、それは楽をしたい人、努力を怠っている人の受け止め方だ。きっかけさえあれば物事は動き出す。そして動かしようがないと思っていたことも変化の渦に巻き込み、他のものごとにも影響を与えていくのである。色あせた価値観に縛られず、変わらない毎日に思い切り波風を立ててしまおう。

「できない」と思うことをやめてみると人生の選択肢が増える

自分の運命を担うのは、自分しかいない。逃げの姿勢や、人の意見に流されて妥協ばかりしていては何も得られない。「ダメだったら中止しよう」「不利になったら意見を取り消そう」などと、目の前にキャンセルボタンを並べるのはやめるべきだ。今、輝ける存在でないからといって諦めず、光を放つことを真摯に求めよう。自分を変えようと思うだけで、人生の選択肢は無限に増える。

他人がどう言おうと自分が自分を愛することが夢の実現につながる

世の中は凝り固まった価値観、そこから生まれる差別観で満ちている。多くの人が、誰かが作った勝手な常識を自ら足かせにし、その重さにくじけそうになっている。だが、まだ見ぬことを成し遂げようと思うなら、自分を愛することが必要だ。既成概念にとらわれず、本当の自分を見つめ、自分がどのように己を高めていきたいかを考えよう。そうすることで、今よりもっと自由に、軽やかに生きることができるはずだ。

FUTURE

１００％の不幸など存在しない

「最悪だ」と思えるようなことが起こっても、希望はまだ残されている。１００％完全に不幸なことなど、ありえないからだ。不幸の中からも、学べることはあるだろう。試行錯誤の中から、道が見つかることもあるだろう。落ち込んだり、泣いたりしていても何も始まらない。立ち上がって、歩き始めよう。この先にもっと良い未来があると信じて、まずは一歩を踏みだそう。

ピンチをチャンスに変えるのは自分の中にある意志

ピンチを前にしておろおろしているだけでは、良い結果は期待できない。このピンチをどうにかしよう、これを乗り越えることで自分も得るものがあるだろうと進んで取り組もう。そうすることで、ピンチをチャンスに変えることが可能になるのだ。ピンチを前に嘆くのではなく、ピンチすら自分の糧として自分の中に取り込んでしまうこと。そう考えることで心はずっと自由になる。受け身のまま、訪れた災難に振り回されているときよりも、ずっと。

自分の可能性は
自分で思っているよりも
はるかに大きい

可能性は無限に広がっている。挑戦しようと考え、何をすべきかを学んだり実践してみたりすれば、すぐに気づくだろう。「今の自分には難しい」などと考える必要はない。現状に満足せずに努力すればきっと報われるし、自分の成長を感じられることはとても楽しいことだ。この喜びを覚えておくことも忘れずに。きっと、次のあなたの挑戦を後押ししてくれるはずだから。

できないことを嘆かなくていい未来は自分の中にあるのだから

精一杯がんばったのに、結果に結びつかないことがある。できると思ったことが、予想の半分もできないこともある。でも、落ち込んだり自分を責めたりする必要はない。自分が思うよりも、もっと大きなことを成し遂げられる可能性があり、今も化学反応を起こしているからだ。そもそも、難しいことほど一筋縄ではいかないものである。やれることはまだまだある。さあ、もう一度がんばろう。

自分を乗り越えていく最後のステップは「優しい心」を手に入れること

過去の自分、今の自分を乗り越え続けることで、人間は力強く生きられるだろう。いつか、強さを持つことができたなら、少し力を抜いて、優しい心を持って欲しい。強さを持った人間の柔和な態度はとても美しい。そして、その美しさが、人々に「自分もこうならないといけない」という、気づきを与えてくれるのである。

前向きに生きる気持ちだけは失わずにいよう

自然に生きる動物は、余計なことに心を揺さぶられずに、自分の生を充実させている。その点で、彼らは人間よりも賢く見えるのだ。彼らのような生き方をするのは難しい。生きていれば道に迷ってしまうことや、自分の生き方に自信を持てなくなってしまうこともあるだろう。それならせめて、前向きに生きる意志だけは失わずにいよう。その意志があれば、正しい道に再び気づく時も、この生き方でいいのだと言える日もきっとくるのだから。

あとがき

ウォルト・ディズニーは、素晴らしい創造力とたくましさを持った世界一のエンターテイナーでした。数々の困難に出逢いながらも、夢と希望を失わず、ポジティブにチャレンジし続けました。ウォルトの心の中には、自分を信じる強い心がありました。失敗しても決して自分をあきらめず、高い目標に向かって、どんどんビジネスを広げていきました。そして、ディズニー映画や永遠に完成しないディズニーランドという夢の世界を私たちに残してくれました。時代に合わせて進化していく世界を作ることで、常に考え、向上していくことの大切さを私たちに教えてくれたのです。

ニーチェもまた、高い目標に向かって挑戦しよう、もし失敗したとしても、その目指す行為は素晴らしいと言っています。ウォルトとニーチェの、自分を強く信じて決断していく生き方は私たちに勇気を与えてくれます。

また、ニーチェは、創造力を持って本を読むべきだと言っています。ただ書いてあることをそのまま鵜呑みにするのではなく、本当にそれが正しいのか、自分の頭と心で疑ってみることが大切なのです。ウォルトの素晴らしい創造力も、何にも縛られない自由な発想から生まれたものです。歴史に残る偉人たちは、常に

自分で考え、本当の自分が良いと思う道を選んで生きてきました。自分で考えるからこそ、どんな難題にぶつかっても自信を持って決断できるのです。「創造力を持って読む」という新しいスタイルは、あなたの人生をもっと素晴らしいものにしてくれるでしょう。

本書は「ミッキーマウス　決断する言葉　★ニーチェの強く生きる方法★」を加筆修正いたしました。

ディズニー

ミッキーマウスに学《まな》ぶ決《けつ》断《だん》する勇《ゆう》気《き》

ニーチェの強《つよ》く生《い》きる方法《ほうほう》

ウォルト・ディズニー・ジャパン株式会社《かぶしきがいしゃ》 監修

令和元年 5月25日 初版発行
令和元年 10月5日 再版発行

発行者●郡司 聡

発行●株式会社KADOKAWA
〒102-8177 東京都千代田区富士見2-13-3
電話 0570-002-301（ナビダイヤル）

角川文庫 21601

印刷所●株式会社暁印刷
製本所●本間製本株式会社

表紙画●和田三造

◎本書の無断複製（コピー、スキャン、デジタル化等）並びに無断複製物の譲渡および配信は、著作権法上での例外を除き禁じられています。また、本書を代行業者などの第三者に依頼して複製する行為は、たとえ個人や家庭内での利用であっても一切認められておりません。
◎定価はカバーに表示してあります。
◎KADOKAWA カスタマーサポート
［電話］0570-002-301（土日祝日を除く 11 時～13 時、14 時～17 時）
［WEB］https://www.kadokawa.co.jp/（「お問い合わせ」へお進みください）
※製造不良品につきましては上記窓口にて承ります。
※記述・収録内容を超えるご質問にはお答えできない場合があります。
※サポートは日本国内に限らせていただきます。

©2019 DISNEY Printed in Japan
ISBN 978-4-04-108366-6 C0195

◇◇◇